Te deseo r
tu nuevo c
Sé que vas
todo lo qu

¡Eres el mejor!

¡Feliz Navidad amor!

BITCOIN Te quiero
25.12.2021.
Alina

Contenido

BITCOIN 1

CAPÍTULO 1 3

  Nociones Generales 3

CAPÍTULO 2 9

  Economía de Bitcoin 9

CAPÍTULO 3 20

  Bitcoin y Entidades Gubernamentales 20

CAPÍTULO 4 32

  Tecnologías Utilizadas 32

CAPÍTULO 5 60

  El Papel de Bitcoin en la Vida Cotidiana ... 60

CAPÍTULO 1

Nociones Generales

Cuando hablamos de **Bitcoin** (cuyo símbolo oficial es ₿, mientras que en el código esta moneda se llama BTC o XBT) nos referimos a un tipo específico de moneda o pago, creado específicamente para el sector telemático. Este método de pago se llama **criptomoneda**. Es un sistema de pago repartido por todo el mundo y concebido hace más de diez años (es decir, en el **2009**) por un inventor cuya identidad real permanece hasta el día de hoy en el anonimato (o tal vez incluso un grupo de inventores), pero que en el sector se ha dado a conocer bajo el seudónimo de **Satoshi Nakamoto**. Satoshi Nakamoto fue capaz de desenterrar una idea que había presentado en la web a finales del año anterior, a saber, 2008. Aunque no hay reglas específicas a este respecto, es convención que el término *Bitcoin* está escrito con un capital B en el momento en que la palabra se refiere al mundo de la tecnología y la red (es decir, el sector telemático), mientras que el b inicial debe escribirse en minúsculas (*bitcoin*) al elegir referirse a la propia moneda.

Por conocedores y expertos que conforman el mundo de las finanzas, sin embargo, el *Bitcoin* no es considerado una moneda real, sino simplemente una acumulación (una acción, esencialmente una reserva) de valor que, sin embargo, tiene la característica de ser extremadamente volátil y lábil; de hecho, el valor del Bitcoin cambia muy rápidamente y depende de muchos factores que están fuera del control de quienes los poseen.

A diferencia de los métodos de pago tradicionales y las monedas, Bitcoin no implica el uso de un organismo central o una lógica financiera particular o mecanismos sofisticados. Esto se debe a que el valor de esta criptomoneda está determinado sólo por la ley del mercado. La ley del mercado (lo que el economista Adam Smith llamó La mano invisible) a su vez está compuesta por dos leyes fundamentales, que todos seguramente habrán escuchado al menos una vez en sus vidas; es la ley de la oferta y la demanda. Por lo tanto, el valor del bitcoin varía sólo de acuerdo con la variación de estas dos leyes, es por eso que se considera tan poco fiable y tan infundado (no estar basado en él y guiado por estudios preliminares y específicos).

Esta criptomoneda se basa en el uso de una gran base de datos que se ha distribuido entre los diferentes puntos cruciales de la web, que son capaces de mantener la trazabilidad de todas las transacciones realizadas. Esta base de datos también utiliza el **sistema de cifrado** para poder gestionar todos los aspectos prácticos y funcionales de las transacciones, como la producción de nueva moneda virtual y la atribución del nuevo valor del bitcoin (que, como se ha mencionado, se actualiza con cada acción tomada en el mercado de compra y/o venta).

Otra de las ventajas del sistema Bitcoin es el hecho de que permite, además del hecho de poseer monedas digitales, también poder transferirlas de una manera sustancialmente anónima. De hecho, la información que necesita para utilizar bitcoins de su propia posesión, se puede guardar en un PC (o en otros dispositivos como, por ejemplo, un teléfono inteligente o tableta), como una especie de billetera virtual. Además, también podrán confiarse a terceros específicos, a los que se les asigna para desempeñar funciones como las que son responsabilidad de un banco; todo siempre digitalmente, por supuesto. Su billetera digital (también llamada billetera bitcoin) se identifica mediante una dirección que se encarga de un código único que consiste en letras y números, que debe contener veinticinco a treinta y seis caracteres (caracteres numéricos y letras incluidas). Este código es la única información que el usuario tendrá que proporcionar y comunicar para poder recibir un pago de otra persona. Por lo tanto, la transacción se lleva a cabo bajo la garantía de un cierto nivel de anonimato, aunque seguirá siendo pública e inmutablemente visible en la cadena de bloques de forma pública y sin posibilidad de revocación y modificación, para siempre. Por lo tanto, es necesario prestar siempre mucha atención a la hora de decidir transmitir su código alfanumérico, ya que, en caso de un posible error, no es posible cancelar la operación. Esto obviamente significa la pérdida final del dinero de uno. Sin embargo, también puede recibir pagos más fácilmente escaneando ciertos códigos QR. Sin embargo, esta moneda digital no se puede transferir a través de la web a todos aquellos que tienen la llamada "dirección bitcoin". Las cosas son en realidad un poco más complejas. De hecho, el modo peer-to-peer de esta red, así como la ausencia de un organismo central que actúa como pegamento y unificador, hace prácticamente imposible para cualquier tipo de autoridad, ya sea gubernamental o no, actividades tales como: bloquear transferencias de dinero, apoderarse de bitcoins sin tener los códigos necesarios; del mismo modo que también es imposible para las autoridades devaluar bitcoin debido a la introducción de un nuevo tipo de moneda en el mercado. Todo esto, junto con la red de extracción más grande presente en todo el mercado, hace bitcoin, hasta la fecha, la forma más rentable de proteger un gran capital.

Bitcoin, por lo tanto, se puede decir que es por derecho propio uno de los primeros (o incluso el primero de la historia) de los desarrollos de un concepto que en el pasado se definió precisamente como **criptomoneda**. Apareció por primera vez en 1998, y fue descrito y utilizado experimentalmente entre la década de 1990 y 2000 por **Wei Dai** en una **lista de correo**.

CAPÍTULO 2

Economía de Bitcoin

La fluctuación del precio

Por supuesto, con el fin de que la gente utilice Bitcoin como una moneda digital real, los gobiernos necesitaban arreglar el equivalente de Bitcoin en moneda local (globalmente, el dólar es la moneda de referencia). Así comenzó a fijar los llamados **tipos de cambio** que sirvieron para establecer la relación entre el valor de un dólar y el de un bitcoin (por supuesto, cada moneda local entonces tiene su contraparte en bitcoin, pero aquí se hace un discurso genérico). El primer tipo de cambio que se fijó entre dólares y bitcoin se remonta al **5 de octubre** del **2009**. Establece el valor de **un dólar** en **1309 BTC** (Bitcoin).

Esta fecha icónica, sin embargo, marca sólo el comienzo de un valor destinado a aumentar constantemente en los años venideros. Bitcoin, de hecho, logró alcanzar incluso el valor de mil dólares; esto sucedió en lo que se convertiría en otra fecha muy importante en la historia de esta moneda: era el **27 de noviembre de 2013.** No se detiene allí, sin embargo, el aumento en el valor de esta criptomoneda. Los nuevos registros históricos, de hecho, también se alcanzaron el **17 de diciembre** de **2017**. Esta fecha marca el pico más alto alcanzado hasta ahora por bitcoin. De hecho, logró alcanzar el valor de 20.000 dólares para Bitcoin.

El valor de esta moneda digital se desplomó rápidamente. Cayó por debajo de los 8.000 dólares a principios de **2018**, antes de estabilizarse en unos 6.000 dólares en el resto del año. A partir de **2019**, el valor de esta moneda digital continuó fluctuando desde un punto bajo de alrededor de $3,500 a principios de año, a más de $40,000 (otro récord histórico) durante el último mes de **2020**. El **8 de febrero de 2021** marca otra fecha icónica en la historia de los bitcoins, que son comprados por el Grupo **Tesla** a un precio de 1.500 millones de dólares. El valor de un BTC, después de este evento, alcanza su pico, alcanzando los 50.000 dólares. Por eso, sólo en el último mes, hemos estado hablando tanto de esta moneda digital. Por lo tanto, están de vuelta entre las monedas de mayor valor en el mundo, en la parte superior de la clasificación de todos los blogs de economía y finanzas. De hecho, en el último período, se vuelve a hablar mucho de esta moneda digital. Por lo tanto, los bitcoins han regresado entre las monedas de mayor valor a nivel internacional, en la parte superior de las listas de todos los sitios y periódicos que se ocupan de la economía y más allá, incluyendo, por ejemplo, la ganancia digital.

Un poco de economía

Cada valor, en economía, corresponde a un contravalor. En este caso, el equivalente total de la economía generada por el sistema Bitcoin, calculado a finales de 2012, ascendió a unos 140 millones de dólares. En abril del año siguiente, la cifra había aumentado hasta $1,4 mil millones, mientras que, en la caída del mismo año, dado el tipo de cambio de 1 bitcoin = 540 dólares, la facturación se eleva a casi siete mil millones de dólares.

El valor de los $500 (EE.UU.) se había alcanzado en el Monte Gox en noviembre de 2013, y sólo un par de días más tarde el valor había aumentado de nuevo a 900 dólares estadounidenses por BTC. Los $1,000 se alcanzaron por primera vez poco después, el 27 de noviembre de 2013; como se mencionó anteriormente, durante diciembre de 2017 el valor de Bitcoin aumentó de nuevo, a nuevos niveles históricos, alcanzando 20.000 dólares estadounidenses por BTC; en los pocos meses de 2021, el valor de US$50.000 por BTC ya ha sido superado por primera vez en la historia.

A pesar de sus altísimos valores incluso hoy en día, y a pesar de haber nacido hace más de una década, todavía es demasiado pronto para hablar de una economía real basada en BTC. Esta economía, si se puede llamar así, existe, pero sigue siendo decididamente pequeña, especialmente cuando se compara con economías de larga data, y el software utilizado para monitorearlo está en su versión de prueba; a pesar de esto, las transacciones a través de bitcoin ya se han comercializado en dinero que se puede gastar en bienes y servicios reales y concretos como, por ejemplo, coches usados o contratos para el desarrollo de diferentes tipos de software. Por lo tanto, la novedad consiste en el hecho de que, a diferencia de cuando nacieron, los bitcoins de hoy en día son aceptados y utilizados tanto para la compra y venta de servicios en línea, como para la venta y venta de bienes de hormigón. Este discurso también se demuestra por el hecho de que hay numerosas, hasta la fecha, organizaciones y asociaciones, e instituciones, donde se autorizan donaciones en bitcoin; Algunos ejemplos son asociaciones como The Pirate Bay, Wikimedia Foundation, Free Software Foundation, Electronic Frontier Foundation. Lo mismo se aplica a las universidades. Por ejemplo, desde 2013, la Universidad de Nicosia (Chipre) autoriza el bitcoin como método de pago, junto con los tradicionales, tasas y otros gastos universitarios. Además, desde el primero de julio de 2016, en Zug (es decir, la capital de uno de los cantones suizos), se ha dado a los ciudadanos la oportunidad de pagar a través de bitcoins por determinados servicios públicos, incluso los más importantes como, por ejemplo, gastos sanitarios y medios de transporte. Algunos tenderos incluso permiten, gracias al uso de estilos de cambio, intercambiar bitcoins en otras monedas, como dólares estadounidenses clásicos, pero no sólo: euros, rublos rusos y yenes japoneses. Todo el mundo puede ir a ver la lista completa de transacciones realizadas en bitcoin (también dijo, como se mencionó anteriormente, Blockchain). También es posible que todos observen las transacciones que tienen lugar en tiempo real.

Bitcoin y otras monedas en comparación

A diferencia de las monedas de licitación legal comunes, los bitcoins se caracterizan precisamente por el hecho de que, como se mencionó anteriormente, nadie puede controlar su valor real, debido a la estructura del método en el que se creó esta criptomoneda, que prevé la ausencia total de una entidad centralizada que regule las transacciones que tienen lugar utilizando esta moneda digital.

En Bitcoin, la cantidad de moneda puesta en circulación en el mercado es limitada independientemente, y luego es predecible y conocida de antemano por todos aquellos que deciden usarla. Por lo tanto, la inflación de la moneda en el mercado no puede ser utilizada por un organismo del gobierno central para distribuir la riqueza generada por el excedente entre los clientes.

Las transacciones monetarias se definen como un cambio en la calidad de la moneda y luego se llevan a cabo sin la necesidad de que un organismo organizativo externo actúe como mediador entre las dos facciones. Esta forma de realizar transacciones hace prácticamente imposible cancelar el pago/compra, y por lo tanto es imposible recuperar las criptomonedas que ya se han pagado y que por lo tanto han cambiado de propiedad. La red Bitcoin, de hecho, transmite las coordenadas del intercambio a sus nodos intermedios, que tienen la tarea de verificar su veracidad y fiabilidad, así como la disponibilidad de los fondos del comprador; a su vez, devuelven la información obtenida a los nodos con los que están conectados.

El número total de transacciones que tuvieron lugar utilizando bitcoin está llegando al límite que originalmente se estableció en 21 millones. La disponibilidad de nuevas monedas digitales aumenta a escala geométrica, cada cuatro años. Sólo en 2013, se utilizó la mitad de las monedas disponibles, y en 2017 ya había tres cuartas partes de las monedas digitales que ya se han utilizado. A este ritmo, ni siquiera en 32 años, se utilizarán todas las monedas disponibles. Acercándose a este plazo, procediendo de acuerdo con la hipótesis de que la demanda de bitcoin aumentará cada vez más, proporcionalmente, en comparación con la disponibilidad de bitcoins en circulación, es probable que sufran una llamada **deflación** de su valor (un término que indica un aumento en el valor real de una moneda); esto será causado por la escasez de nuevos bitcoins que aún no se han puesto en circulación.

En cualquier caso, bitcoins se pueden dividir hasta el octavo decimal (para una totalidad por lo tanto de aproximadamente 2.1 por 10^{15} monedas), permitiendo así un saldo completo del valor original. Según los expertos, en caso de que el bitcoin se agote, los nodos, en lugar de financiarse colocando nuevos bitcoins en el mercado, se beneficiarán de su propia capacidad para llevar a cabo pagos, compitiendo así con los precios y manteniéndolos aún más bajos.

CAPÍTULO 3

Bitcoin y Entidades Gubernamentales

Las consecuencias de la llegada del bitcoin

Hay varios escenarios que podrían hacer que Bitcoin falle. Algunos pueden ser, por ejemplo, la devaluación del valor de la BTC individual, la disminución total o desaparición de la gama de usuarios de la BTC, o incluso un ataque frontal y explícito a este método de pago por parte de los gobiernos nacionales, intimidado por su éxito y fama. Sin embargo, no es posible prohibir Bitcoin. La organización descentralizada y el anonimato que caracterizan los pagos realizados con Bitcoin pueden considerarse como una especie de represalia contra los procedimientos legales contra empresas que anteriormente trabajaban en el sector de la moneda electrónica (por ejemplo, compañías de dólares y oro electrónico). Esto se debe a que el sistema funciona básicamente como una colección de ahorros, suprimido a la fuerza en todos los países del mundo, sobre todo porque es muy a menudo una colección abusiva. En una entrevista con O'Brien que fue publicada en el periódico líder de Irlanda, argumenta que <Cada vez que muestro a la gente cómo funciona la economía bitcoin, me preguntan a tiempo "¿Pero es legal? ¿Es esto un tramposo?" Incluso yo creo que hay abogados y economistas en este mismo momento tratando de responder a estas preguntas no simples. Creo, sin embargo, que toda una serie de legisladores pronto se unirán a la lista de todos aquellos que tratan de dar una respuesta efectiva a estas preguntas.> Los valores constituyentes de todas las monedas exitosas del mundo se basan en la confianza de quienes las utilizan. La gestión del bitcoin, es decir, la de su valor y tipo de cambio, se basan como se mencionó anteriormente en el mercado libre, y por lo tanto exclusivamente en las leyes de oferta y demanda, de la mano invisible.

En febrero de 2011, después del episodio de la mención en Slashdot y el llamado "efecto Slashdot" comenzó a haber varias consecuencias que afectaron el valor del bitcoin y el buen funcionamiento de algunos de los principales sitios que se referían a él.

Las restricciones

Algunos de los expertos comienzan a plantear dudas concretas sobre la posibilidad funcional y logística real de poder bloquear los intercambios que tienen lugar todos los días de forma anónima en criptomonedas en la web. Las restricciones encuentran su razón para estar en la actividad de las organizaciones criminales y terroristas más peligrosas en las bolsas de bitcoins, pero también del riesgo de que cada vez más de todos aquellos ahorradores que compran monedas digitales como una especie de activo amortiguador se vuelvan cada vez más numerosos, o para poder ganar dinero a partir de las fluctuaciones del mercado y los cambios de precios, y finalmente de la situación constante de inseguridad que proviene de los pocos grandes inversores presentes en la bolsa tradicional. Las medidas adoptadas por los organismos gubernamentales varían desde la vía de lo que se denomina autorregulación sectorial (derecho de mercado), supervisada mediante el establecimiento de registros nacionales de todas las entidades oficialmente autorizadas, hasta la suspensión más pesada de las acciones cotizadas, así como la intervención directa: es decir, la prohibición de pagos anónimos, que deben reservarse únicamente para aquellos que tengan una cuenta bancaria verificada; también es posible recurrir a la medida extrema de bloquear las tarjetas de crédito, si es necesario.

Otro tema importante a resolver se refiere a la propiedad y el control de la criptomoneda, y en consecuencia el dinero que se intercambia en Bitcoin sin que transite a través de los canales bancarios tradicionales. Esto se debe a que la moneda digital es emitida por operadores que a veces cotizan en bolsa, pero que no son necesariamente los tenedores reales del valor que se introduce en los circuitos de intercambio. Estos actores son peligrosos para el poder central, ya que están efectivamente fuera de su control, porque están actuando en un mercado multinacional sin, sin embargo, verse afectados por la presión de la lógica y los instrumentos de la política monetaria del banco central. Las tarjetas de crédito, de hecho, no pueden ser utilizadas por los clientes para realizar compras directas de bienes y servicios que se venden a través del uso de la moneda digital, como se puede hacer mediante el uso de una moneda de otro estado: primero, de hecho, la moneda digital debe ser comprada, luego debe depositarse en una cuenta virtual. Sólo a partir de ella es posible realizar compras y realizar transacciones monetarias.

Bitcoin tiene un gran potencial, ya que encaja justo donde comienzan los límites de las metodologías de intercambio tradicionales. Por ejemplo, si eBay planea eliminar de su plataforma la capacidad de pagar a través de PayPal a partir de 2020, PayPal a partir de 2016 ha introducido en cuarenta estados la posibilidad de comprar bitcoin para comprar los bienes. Incluso un gigante como Amazon parece estar tratando con varios bancos la posibilidad de abrir cuentas a través de BTC.

Por lo tanto, las limitaciones que el gobierno ha puesto en marcha contra todo tipo de criptomonedas se dirigieron principalmente contra Bitcoin, que es la más antigua de las monedas digitales y, sin duda, la más utilizada a escala global. El **19 de septiembre de 2017**, por ejemplo, el Partido Comunista **Chino** bloqueó oficialmente las transacciones de bitcoins que tuvieron lugar entre Shanghái y Pekín. De hecho, se ha calculado que precisamente en este país hay alrededor del 30% del total de intercambios verificados, lo que convierte a China en el mayor escaparate financiero, a nivel internacional, de esta criptomoneda.

Entonces, ¿por qué tomar todos estos riesgos?

Es cierto que el inversor, si es sorprendido con las manos en la masa, corre el riesgo de perder la totalidad de la cantidad invertida, pero los ingresos generados por bitcoin en China no están gravados. La única restricción en esta área se refiere a los inversores estadounidenses, que están obligados a declarar ganancias que superan los diez mil dólares.

También el 19 de septiembre de 2017, el mismo día, **Japón** dio el paso opuesto al de su estado vecino: a diferencia de China (y la mayoría de los demás estados) Japón fue de hecho uno de los primeros estados a nivel mundial en reconocer la legitimidad de las monedas digitales y por lo tanto del bitcoin. El Gobierno japonés ha decidido introducir una regulación estricta. Prevé el registro de hasta 11 usuarios en un registro oficial que ha sido especialmente establecido con la autoridad responsable del control y seguimiento de la Bolsa Nacional de Valores, un registro también utilizado por varias empresas como fuente de beneficios para sus trabajadores regulares.

También el mismo día, unas horas después de Cine y Japón, llega una decisión de la SEC de los **Estados Unidos**, que hace uso de la ley federal que le permite eliminar todos los sitios considerados ilegales. De hecho, las cuentas que contienen depósitos generados por criptomonedas no proporcionan, según la SEC, la garantía de seguridad, a diferencia de un depósito de acciones.

Ese mismo día, el grupo **Lloyd y Bank of Scotland** decidieron bloquear sin previo aviso todas las compras realizadas a través de Bitcoin, imitando a los bancos estadounidenses Citigroup, JPMorgan, pero también al gigante Bank of America.

También en los mismos días, incluso los bancos **australianos** más importantes decidieron congelar sin ningún tipo de aviso los perfiles de usuarios y comerciantes que hasta ahora habían confiado en el comercio de criptomonedas. En cambio, el Gobierno australiano, incluso sin intervenir directamente en la política bancaria, ha decidido eliminar el impuesto (hasta entonces el doble) con respecto a las monedas nacionales.

Concluyamos el discurso con un breve interludio dedicado a la India. Al parecer, también se están tomando medidas en este país para limitar el uso de monedas digitales. Después de un gran período de crecimiento en los últimos tres meses de 2017 con respecto al número de transacciones ejecutadas y el precio estelar al que habían llegado las acciones de Bitcoin, el Gobierno **indio** se está preparando para cazar a todos aquellos que todavía utilizan esta criptomoneda.

Entre la crítica y la apreciación

Este tipo de moneda digital ha sido vista por muchos usuarios como una forma efectiva de lograr el tan esperado proceso de democratización de las finanzas internacionales, en un momento en que ahora estamos, llamado la *gran recesión*, que sin duda se ha visto facilitada, como muchos ya saben, por la *desregulación* de los mercados financieros. Mediante la desregulación, especificamos que nos referimos al fenómeno por el cual tanto los gobiernos como los Estados deciden suspender sus actividades de control y seguimiento en el mercado. La primera consecuencia de esta Decisión reside, como puede observarse, en la eliminación de las restricciones que el Estado impone normalmente al mercado, con el objetivo de aumentar las operaciones que constituyen la base del mercado. Por lo tanto, según esta medida, el mercado se considera un organismo capaz de regularse de acuerdo con la ley de oferta y la demanda, sin necesidad de ninguna intervención externa.

Otros expertos, por otro lado, no reconocen la legalidad de la moneda digital, especialmente el bitcoin, y no consideran que esté al mismo nivel que las monedas oficiales dentro del mercado internacional y global.

CAPÍTULO 4

Tecnologías Utilizadas

Cuando se trata de bitcoin, en realidad es una tecnología que inicialmente fue diseñada de manera diferente a sus creadores. Bitcoin tal como lo conocemos hoy en día, de hecho, nació de un desarrollo peer-to-peer de la propuesta original de dinero b concebida por el mencionado Wei Dai, combinado con el proyecto de los llamados **Bitgolds** por **Nick Szabo**. Los principios de funcionamiento de este sistema se describen en el llamado "Libro Blanco" que fue compuesto por Satoshi Nakamoto.

El producto oficial, llamado Bitcoin Core, es un software de libre desarrollo derivado directamente del código escrito por Satoshi Nakamoto con el objetivo de mejorar el protocolo de comunicación y la red peer-to-peer que se deriva de él

Bitcoin, así como los diversos tipos de monedas digitales, se basa en la transferencia de monedas digitales entre dos o más cuentas públicas; Esto se hace a través del uso de lo que se llama *cifrado de clave pública*. Todas las transacciones son públicas y luego, como se ha dicho, se almacenan dentro de un sistema de memoria generalizado que se utiliza para analizar y posiblemente confirmar todas las transacciones, una por una, y detener la posibilidad de usar la misma moneda más de una vez.

Cada usuario que decide unirse a la red Bitcoin tiene, como se mencionó anteriormente, una cartera digital que contiene un número aleatorio de *claves criptográficas*, que se proporcionan a los usuarios siempre en pares de dos. Las claves públicas, también llamadas *direcciones bitcoin*, funcionan como puntos de partida y llegada (según corresponda) para todas las transacciones realizadas por los usuarios. La posesión por parte de los usuarios de esta moneda digital implica que los clientes pueden utilizar, en el transcurso de sus compras, sólo monedas digitales que ya han sido asociadas automáticamente por el sistema con una dirección específica, es decir, una cartera digital que identifica sólo a esa persona y a nadie más. La clave privada que corresponde a cada una de estas direcciones es indudablemente indispensable y necesaria para poder asignar una *firma digital* real a todos los pagos, asegurándose de que el pago sólo se permite al usuario que realmente posee esa cartera específica y esa moneda específica. A continuación, la red tiene la tarea de comprobar la firma mediante la llamada *clave pública*.

Usted tiene que tener mucho cuidado de mantener su clave privada con mucho cuidado ya que, si se pierde, la red Bitcoin no será capaz de reconocer de ninguna otra manera quién es el propietario del dinero relacionado con el pago que acaba de hacer. Por lo tanto, la cantidad relativa de dinero será imposible de usar para todos y, por lo tanto, ahora debe considerarse irremediablemente perdida. Este es uno de los principales límites de la moneda digital que, si bien garantiza la seguridad y el anonimato, por otro lado, no le permite cancelar pagos o recuperar claves perdidas por los usuarios. Los casos de pérdida de activos debido a la pérdida de la clave privada se han producido anteriormente, consistentemente especialmente en los primeros años del nacimiento de Bitcoin. En 2013, por ejemplo, un cliente reportó haber perdido hasta 7.500 bitcoins, que valían $7,5 millones cada uno en ese momento. Esto se debió a que había olvidado que accidentalmente se había des hecho de un disco duro externo, que, entre otras informaciones, también contenía su llave privada.

Anonimato

Uno de los grandes méritos de la llegada del bitcoin es precisamente, como hemos dicho hasta ahora, la garantía del anonimato. De hecho, las direcciones que componen el mundo digital de las criptomonedas no contienen información relacionada con sus propietarios, y generalmente se proporcionan de forma anónima. Las direcciones que se escriben en la forma legible por la mente humana son sin embargo incomprensibles, ya que son secuencias aleatorias compuestas de caracteres alfanuméricos, por lo tanto son códigos, la longitud media de unos treinta y tres caracteres cada uno. Siempre empiezan, no se sabe por qué, por un lado, por tres o por "bc1". Por ejemplo: *1NAfBQUL4d2N7uu1iKxjwF8dESXTT3AKcq*.
Para los usuarios se puede recibir un número aleatorio de direcciones Bitcoin, y siempre se puede crear tantos como desee, sin ningún límite de número, ya que su creación toma el

ordenador un tiempo de cálculo muy corto (que es más o menos equivalente a la creación de un par de claves pública / privada) y ningún contacto con los otros nodos que componen la red es necesario para crear los códigos. Generar un par de claves diferente para cada pago que se realiza ayuda a mantener la seguridad y el anonimato absoluto.

El algoritmo que utiliza el sistema Bitcoin para crear claves se denomina **ECDSA**, o *Elliptic Curve Digital Signature Algorithm*.

Transacciones

Dentro de los bitcoins está la clave pública, el código de referencia, de su propietario (es decir, la dirección combinada con la billetera digital). Cuando el usuario *A* realiza una transferencia de dinero digital al usuario *B*, escomo si estuviera renunciando oficialmente a la posesión de su dinero digital, ya que además de la de A la clave pública de B (código de billetera digital de B) también se introduce en la transacción. La clave B se añade a las criptomonedas en cuestión, y el usuario A la firma oficialmente a través de su clave privada. La clave B se añade a las criptomonedas en cuestión, y el usuario A la firma oficialmente a través de su clave privada. El algoritmo que regula el mecanismo detrás del sistema bitcoin es entonces capaz de transmitir estas monedas digitales dentro de un mensaje: así es como se lleva a cabo la verdadera "transacción", a través de la red **peer - to - peer**.

Con esta expresión, que deriva del inglés, y que a menudo también se acorta por el nombre o acrónimo de **P2P**, indica la llamada red igual o igual que, en el mundo de las telecomunicaciones, indica un sistema de arquitectura lógica. Se caracteriza por el hecho de que en este tipo de nodos de red informática no se colocan en forma jerárquica sólo como clientes fijos o servidores (es decir, el cliente significa clientes – compradores y administradores – vendedores), sino también como nodos pares (precisamente, pares), para que puedan trabajar al mismo tiempo tanto clientes como como servidores hacia los otros nodos de terminal (es decir, invitados o hosts) presentes dentro de la red. Los nodos restantes permiten tanto las firmas criptográficas como el número o cantidad de pagos que se utilizan, antes de aceptarlas. Gracias a esta arquitectura informática, todos los nodos de la red pueden iniciar o completar un pago sin necesidad de ninguna autorización. Los llamados nodos iguales o equivalentes también pueden estar entre ellos en términos de factores como la configuración local, la velocidad de procesamiento de datos, el ancho de banda y, por último, la memoria, o la cantidad de datos que pueden almacenar. Un ejemplo típico clásico de P2P o peer-to-peer es la red que se ocupa del intercambio de archivos entre usuarios (también conocido en inglés como *file sharing*). Los otros nodos que componen la red del par – a – del par son entonces responsables de permitir las firmas criptográficas y la cantidad de dígitos que se utilizan, antes de que puedan ser aceptados.

Blockchain: la cadena de bloques y la cuestión de las confirmaciones

Por lo tanto, es necesario, sobre la base de lo que se ha visto hasta ahora, evitar la posibilidad de utilizar la misma moneda digital más de una vez. Con este fin, la red peer-to-peer ha establecido lo que su creador, Satoshi Nakamoto, expone en sus escritos como un "servidor de marcación de tiempo para las transacciones que tienen lugar dentro de la red peer – to – peer". este servidor proporciona un código de identificación secuencial para cada pago realizado dentro de la red. A continuación, en estos códigos se implementan las medidas de seguridad adicionales para evitar que sufran intentos de modificación utilizando el concepto innovador de una secuencia de lo que Nakamoto llama prueba – de – trabajo (es decir, aquellos que en el código Bitcoin se muestran con el nombre de "confirmaciones", es decir, confirmaciones de pago). Cada vez que se realiza un pago, el pago comienza inicialmente, pero permanece en la fase inicial de no confirmado. Sólo se confirmará cuando sea analizado y aprobado por los nodos, a través precisamente del citado esquema de marcación de tiempo, que se gestiona colectivamente, del conjunto de todas las transacciones conocidas, o de la citada cadena de bloques, que en italiano significa cadena de bloques. Cada vez que se realiza un pago, el pago comienza inicialmente, pero permanece en la fase inicial de no confirmado". Sólo se "confirmará" cuando sea analizado y aprobado por los nodos, a través precisamente del citado esquema de marcación de tiempo, que se gestiona colectivamente, del conjunto de todas las transacciones conocidas, o de la citada **blockchain** (que en español significa "cadena de bloques").

En particular, cada uno de los nodos que actúa como "generador", es capaz de reunir todos los pagos que no han sido aprobados, que luego inserta en un único archivo que, entre otras funciones, también tiene que contener un llamado **hash criptográfico** relacionado con el nodo anterior, es decir, un bloque aprobado para permitir, ahora conocido por ese nodo y que por lo tanto no presenta la necesidad de ser analizado en profundidad. A continuación, el nodo intenta replicar un **hash** para ese bloque que tiene determinados caracteres determinados. Este es un esfuerzo para el que se necesitan aproximadamente una pequeña cantidad de evidencia y repeticiones. Cuando un nodo puede encontrar la solución correcta, la anuncia a los nodos restantes dentro de la red. Posteriormente, todos los nodos en la red del par – a – pares que reciben el bloque antes mencionado, antes de aceptar agregarlo a la cadena, tienen la tarea de verificar su confiabilidad y veracidad.

Cuando se acepta un pago por primera vez dentro de un determinado bloque, está sujeto a verificación y confirmación. Todas las veces anteriores se insertan otros bloques en particular (identificados como "bloques secundarios" y que están conectados a él y generados por sí mismo), el bloque secundario debe esperar y recibir otra verificación y confirmación posterior. Cuando el bloque que contiene el pago logra alcanzar al menos seis confirmaciones posteriores, es decir, se establecen 6 bloques secundarios que hacen referencia a él, a continuación, el nodo cliente cambia de estado al pago en cuestión, con lo que desde la fase "no confirmada" a "confirmado". La razón detrás de todo este largo y aburrido proceso es que, por cada confirmación de pago, es decir, por cada nuevo bloque que se establece por encima del bloque que contiene el propio pago, es cada vez más insidioso y difícil y también caro poder eliminar o cancelar el pago en sí. Para poder cancelar un pago que ya ha recibido una cierta cantidad de confirmaciones, debe dar lugar a una cadena paralela en la que el pago en cuestión no está presente, es decir, una cadena que quiere cancelar y que consistirá en una cantidad de bloques que serán iguales o superiores a las confirmaciones que previamente se han recibido por la transacción paralela.

Por lo tanto, la consecuencia directa de este sistema radica en el hecho de que la cadena de bloques tiene en su interior al historiador información relativa a todos los movimientos de todas las monedas digitales que se han generado desde la dirección de su propietario para terminar con el nuevo propietario. Como resultado, si un comprador quiere tratar de utilizar una criptomoneda que ya ha utilizado y gastado de nuevo, la red será capaz de rechazar y evitar el pago, ya que la suma en cuestión ya se habrá gastado.

Satoshi Nakamoto ideó entonces el sistema para que, aunque los datos aumenten constantemente de tamaño con el tiempo, todavía es posible tener una versión más pequeña y más pequeña que se ocupa en particular sólo de ciertos pagos, pero que sigue siendo completamente capaz de ser verificable en cualquier momento independientemente del resto. Por poner un ejemplo, para un usuario privado podría ser útil poder ver la cadena de bloques o bloquear el contenido de la cadena de bloques solo con los pagos que les conciernen. De lo contrario, puede ser apropiado eliminar de la memoria del sistema todos los pagos cuya cantidad de dinero saliente ya se ha utilizado o gastado en otros pagos, reduciendo así su corpus y tamaño.

¿Cómo se generan los bitcoins?

La red en la base del sistema Bitcoin es capaz, como se mencionó, de generar y distribuir una cierta cantidad de monedas de una manera completamente aleatorizada. Esta es más o menos una cantidad correspondiente a aproximadamente 6 veces por hora a los nodos del cliente que participan activamente en las actividades de compra y venta de la red bitcoin. Aquellos nodos que contribuyen, gracias a su rendimiento y a la potencia informática a su disposición, a los métodos de gestión y seguridad de la propia red bitcoin. La actividad a cargo de la producción y generación de monedas digitales se suele llamar con el nombre de **mining**, una definición que tiene el mismo significado que el más famoso **gold mining** (es decir, en español, la extracción de oro). Las posibilidades de que un individuo en particular pueda recibir la recompensa que se merece en forma de monedas digitales varían según la potencia informática que aporta a la red, en relación con el poder informático general de la propia red.

En una etapa temprana en el desarrollo de la red bitcoin, el mismo nodo que servía como cliente tenía la tarea de hacer los cálculos que eran necesarios para proporcionar para la generación de bitcoins, utilizando sólo la CPU (unidad central de procesamiento o, en italiano, unidad central de procesamiento, también llamada el procesador central). A medida que aumenta el poder computacional general de la red bitcoin y sus nodos, y dada la naturaleza competitiva de la producción de bitcoins, esta característica se ha vuelto ahora costosa e inquieta económica y, como resultado, ahora ha sido eliminada del sistema. Hasta la fecha, hay varios programas diseñados específicamente, que inicialmente utilizaban la eficacia de las unidades de procesamiento de gráficos (GPU). en italiano, la unidad de procesamiento de gráficos también llamada procesador gráfico) y FPGA (acrónimo que significa Field

Programmable Gate Array, es decir, dispositivos programables electrónicamente útiles por ejemplo para la creación de prototipos) – y que hasta la fecha utilizan un hardware especial que se basa en el uso de procesadores ASIC (acrónimo que significa circuito integrado específico de aplicaciones), que han sido diseñados específicamente para este uso. Dado que el número de operaciones que normalmente se necesitan para cerrar efectivamente un solo bloque se ha vuelto tan alto con el tiempo que necesita una gran cantidad de recursos, especialmente con respecto a las existencias de electricidad y todo lo necesario para asegurar que el sistema mantenga estable su potencia informática, muchos mineros se unen a lo que se puede denominar crudamente "gremios" llamados **mining pool**. Dentro de ellos, todos los que participan tienen la obligación de compartir sus recursos, y luego dividir todos los bloques creados gracias a la contribución de todos.

La cantidad de bitcoins que se generaron para cada bloque fue, en la fase inicial de esta práctica, cincuenta bitcoins en el bloque (una cifra que luego se añadió a cualquier costo de pagos individuales). Esta cantidad se calculó específicamente para reducirse con el tiempo. Este proceso de disminución se llevó a cabo a través de una progresión real sobre una base geométrica, que inicialmente preveía una reducción a la mitad de la prima aproximadamente cada cuatro años (por lo tanto, llegó a la cifra de unos 210.000 bloques). Reducido de esta manera, esto significa que, en general, se producirán más o menos veintiún millones de monedas digitales durante un período de más o menos ciento treinta años. Dentro de este plazo, una buena cantidad de bitcoins, alrededor del 80%, probablemente, casi con toda seguridad, se generarán durante los primeros 10 años de actividad. En el siguiente período, la cifra prevista para la recompensa de la que acabamos de hablar, ha pasado a ser de 25 Bitcoins por cada bloque a finales de noviembre de 2012 (más precisamente el 28 de noviembre, 2012), a 12,5 Bitcoins por cada bloque a principios de julio de 2016 (precisamente, 9 de julio de 2016), hasta 6,25 bitcoins por bloque durante la primavera de 2020, en medio de una pandemia (22 de mayo de 2020). Debido a la progresiva disminución de la recompensa de creación a lo largo del tiempo, la principal fuente de ingresos, para los usuarios de la red bitcoin, ya no será tanto la creación de la propia moneda digital, sino los costes de las tasas por pagos que se incluyen en los distintos bloques, que permanecerán hasta que la recompensa deje de ser distribuida y difundida: para ese día, la tramitación de los pagos realizados por el grupo de usuarios será reembolsada exclusivamente por los costes de comisión de los mismos pagos realizados por las personas.

El importe de pago que se establece durante la cuota puede ser elegido libremente por aquellos que decidan realizar el pago, a pesar de que, a partir de mayo de 2013, debido a la actualización a la versión 0.8.2 del servidor oficial, las transacciones que tienen lugar con un intercambio de dinero que está por debajo del nivel mínimo de 0,0001 Bitcoin, se consideran transacciones no conformes y, como resultado, los pagos asociados a estas transacciones corren el riesgo de nunca ser aceptados. De hecho, cuanto mayor sea el costo de pago, más probable es que el pago se coloque dentro del primer bloque que se extrae. De acuerdo con el razonamiento que hemos hecho hasta ahora, esto significa que, de esta manera, el tiempo necesario para recibir la primera confirmación sin duda se acelerará. Por lo tanto, los usuarios de esta red tienen un fuerte incentivo para utilizar estas tarifas, ya que esto significa que el pago casi con toda seguridad se procesará más rápidamente: cada usuario tiene la opción de qué pagos introducir dentro del bloque que el sistema tendrá que procesar; cada bloque tiene un tamaño máximo indicado por el protocolo; y cada bloque, por lo tanto, estará interesado en confirmar los primeros pagos realizados mediante el uso de tarifas de mayor dígito.

Por lo tanto, todos los nodos que componen los puntos fijos de esta red de divisas digitales compiten por tener la posibilidad de ser los primeros en identificar la solución correcta a los complejos problemas criptográficos que de vez en cuando van a interesar al bloque objeto de examen; estos son casi siempre problemas que no se pueden resolver de otras maneras que no sea a través del uso de la **bruteforce**. En italiano, este término se refiere al *método de fuerza bruta*: por método de fuerza bruta (también llamado investigación exhaustiva), nos referimos, en el complejo campo de la ciberseguridad, un cierto tipo de algoritmo para resolver problemas informáticos. Consiste en la verificación y pruebas de todas las soluciones posibles desde un punto de vista teórico para la solución de este problema; a continuación, se procede por exclusión (cada hipótesis se aplica y se prueba y posiblemente se descarta) hasta que se encuentra el proceso realmente adecuado y justo. La mayor ventaja de este método radica en el hecho de que siempre hace posible, a nivel teórico, llegar a la solución correcta. Su principal desventaja es que siempre es el método más eficaz, pero también el más lento y caro. Por lo tanto, básicamente requiere una gran cantidad de intentos. Cuando uno de los nodos finalmente logra encontrar la solución correcta, procede a anunciarla al resto de la red y a los nodos restantes, al tiempo que atribuye bitcoin, un premio que está previsto por el reglamento. Del mismo modo, los nodos que a su vez reciben el bloque correcto lo analizan e insertan en su cadena, comenzando de nuevo el trabajo de verificación que se lleva a cabo constantemente en el bloque que acaba de ser recibido.

Desde un punto de vista estrictamente

informático y técnico, el proceso de **mining** está lejos de ser un proceso de **hashing inverso**. Se basa en determinar un dígito específico (es decir, un **nonce**: básicamente un número, generalmente aleatorio, que sólo se puede utilizar una vez. El término *nonce* deriva de hecho del inglés *for the nonce*, lo que significa a la letra "propósito parala ocasión") que hace que el hash SHA-256 de un determinado cuerpo de datos que representa el bloque sea inferior a un determinado umbral proporcionado. El acrónimo de SHA (que significa Algoritmo Hash Seguro) es un grupo de 5 estrategias criptográficas diferente hash que fueron ideadas y desarrolladas en 1993 por la NSA (este acrónimo significa Agencia de Seguridad Nacional) y más tarde fueron adoptadas como un procedimiento estándar a nivel federal por el gobierno de los Estados Unidos. Al igual que todos los algoritmos hash, el SHA antes mencionado genera un "resumen de mensajes" para cada operación realizada, que es una "huella de mensaje", que se caracteriza por una longitud predeterminada, que permanece fija durante la transacción y que se crea a partir de un mensaje con un tamaño variable. El alto nivel de seguridad de este algoritmo hash es que la función detrás de todo el esquema no es posible invertir (por lo tanto, no es posible llegar al primer mensaje que está en el origen original, si sólo tiene esta información) y que nunca es posible generar dos mensajes diferentes que ambos utilizan el mismo código. Este límite se conoce como *dificultades*: es el elemento que establece la naturaleza extremadamente competitiva de la minería de monedas digitales: es el poder computacional que se inserta en la red bitcoin, más la figura de este indicador aumenta, y por lo tanto también aumenta la cantidad de cálculos que se necesitan, en promedio, para generar un nuevo bloque. Esto también aumenta el costo de generar lo mismo, y esto motiva a los nodos a aumentar constantemente la eficacia de sus sistemas de trabajo con el fin de poder obtener cada vez más un balance económico que sea lo más positivo posible. La actualización de este sistema se produce más o menos cada dos semanas, y se adapta a la red asegurándose de que se crea un nuevo bloque, en promedio, cada diez minutos. Los nodos que tienen esta función específica y que administran el proceso de minería de datos normalmente se denominan **miner**.

Pagos y costos de comisiones

Dado que es posible que los mineros elijan independientemente qué tipo de pagos colocar dentro de un bloque determinado, todos aquellos que estén dispuestos a enviar monedas digitales podrán hacerlo sólo para el pago de un costo de transferencia, que tiene un valor que cambia de acuerdo con las circunstancias, y que le sirve para estimular la elección del tipo de su pago. Dependiendo del costo que el usuario decida gastar como importe de pago, la transacción se llevará a cabo más o menos rápidamente. Este sistema proporciona una gran forma de motivación para los usuarios, y les permitirá tener la oportunidad de continuar con sus transacciones incluso en el caso de que el nivel de dificultad para poder crear moneda digital aumente, o el número de recompensas asignadas a cada bloque comience a disminuir con el tiempo. Los mineros agrupan los diferentes impuestos de pago que se confían a todas las transacciones que están presentes dentro del bloque disponible y dedicado.

CAPÍTULO 5

El Papel de Bitcoin en la Vida Cotidiana

El papel del bitcoin dentro del mundo social

El sistema bitcoin que se ha descrito hasta ahora también ha sido nombrado en blogs y en sitios de gran fama y fiabilidad, como por ejemplo *Slashdot*; Slashdot (cuyo nombre deriva de la barra de términos en inglés: bar y punto: punto, también es a menudo estilizado en el símbolo /.) es un famoso blog popular sobre temas y temas de naturaleza técnica y tecnológica. Fue concebido y lanzado en septiembre de 1997 por el creador *Rob Malda*. El blog se ha estructurado utilizando un modelo que recuerda al de un weblog (weblog significa, recordemos, un sitio web que se actualiza continuamente y se reordena periódicamente).

El término Slashdot, dada su enorme fama, se utiliza ahora para indicar, por excelencia, también todos los demás blogs nacidos en los años siguientes y /o escritos en diferentes idiomas, que sin embargo se basan en la misma base y que utiliza los mismos temas que el sitio original.

Además de Slashdot, también está la columna técnica de Time, un periódico histórico e icónico de los Estados Unidos de América. Fue fundada por B. Hadden y H. R. Luce, y fue, con diferencia, el primer periódico semanal en los Estados Unidos, lo que ahora se conoce como revistas de noticias. Todavía es considerado uno de los periódicos semanales más prestigiosos y confiables de todo el mundo; específicamente, se ocupa de la economía y la política a escala global e internacional. De hecho, el mismo nombre es un acrónimo en inglés que significa "Today Information Means

Everything". No sólo blogs y revistas, sino también la propia Agencia ANSA ha destacado la subida al éxito de esta moneda digital, es decir, la historia de los primeros usos, la difusión progresiva y el valor progresivo del bitcoin en comparación con los dólares. Además, los periódicos más grandes de los periódicos de temática económica más grandes de Italia, entre los que también hay un gigante como Money.it (ya en 2017), también presentan entre sus contenidos una parte que se ha dedicado al tema del bitcoin. En él encontrará la información incluyendo de vez en cuando el precio, el gráfico que contiene la tendencia histórica de este sistema de divisas digitales, y también un pequeño espacio diario que se refiere a las actualizaciones relacionadas con la tendencia misma de lo que hasta la fecha se considera sin lugar a dudas el más importante y autoritario de todos los tipos de criptomonedas que existen.

La fama del bitcoin y su popularidad, y su

presencia en el mundo de los medios de comunicación, no se detiene en las apariciones que hemos mencionado en blogs y en periódicos de periódicos internacionales. También aparecen en el mundo de las series de televisión. De hecho, tomemos, por ejemplo, dos de las series más seguidas de los últimos 15 años. Estamos hablando en particular de *The Good Wife* y de *The Big Bang Theory*. De hecho, el episodio 13 de la tercera temporada de *The Good Wife* (serie de televisión estadounidense en siete temporadas con un tema dramático y judicial, que se emitió en CBS de 2009 a 2016) contiene una referencia explícita al sistema bitcoin. La otra referencia que merece ser mencionada es la presente durante el episodio 9 de la undécima y penúltima temporada de la sitcom *The Big Bang Theory*: también como la anterior se dedica al tema del bitcoin. Finalmente, bitcoins están presentes durante un episodio de *Grey's Anatomy*. En él, un equipo de ciber terroristas se introduce ilegalmente en el sistema informático del hospital que es el protagonista de la serie, y logran poner en grave peligro la seguridad de los pacientes hospitalizados dentro del hospital. Con el fin de retirarse sin causar daños, los terroristas piden al hospital que pague un rescate de cinco mil bitcoins con el fin de liberar la red informática de la instalación hospitalaria.

Además, hace varios años, gran importancia y protagonismo tuvo en todas las diferentes redes sociales y redes sociales de todo el mundo el anuncio que hizo uno de los gigantes de internet y blogs, a saber, Automattic. De hecho, añadió a su corpus, con la fecha de inicio del 15 de noviembre de 2012, la moneda digital (en particular el sistema Bitcoin) como el método de pago perfecto para poder escapar del bloqueo realizado por PayPal y todas las demás tarjetas de crédito en más de sesenta países de todo el mundo.

Cerramos esta bien surtida lista de referencias con un docufilm. De hecho, el 10 de octubre de 2014, el productor de cine Gravitas Venturas produjo *The Rise and Rise of Bitcoin*. Es una película documental que se refiere precisamente al sistema Bitcoin. Esta película documental puede considerarse a plena capacidad como la primera producción cinematográfica dedicada en su totalidad al sistema de monedas digitales y en particular al bitcoin. La película se centra en entrevistar a varias personalidades que jugaron un papel importante durante el auge del sistema bitcoin, y fue nominada para el Festival de Cine de Zúrich, un festival de cine que se celebra anualmente en Zúrich, como "mejor película documental internacional".

Bitcoin más allá de Bitcoin: las expansiones

Dada precisamente la característica decididamente abierta y ampliable del sistema y software original que fue concebido y producido por el creador de la moneda digital de Bitcoin, con el tiempo se han concebido y producido varios programas y bibliotecas que sirven de complemento al sistema operativo de Bitcoin independientemente del software original. Estas implementaciones suelen estar diseñadas para facilitar el uso de la criptomoneda de bitcoin, como asegurarse de que los usuarios pueden realizar los pagos que desean sin verse obligados a descargar toda la cadena de bloques incluso innecesarios, o asegurarse de descargar una versión más pequeña y más pequeña.

También hay otro software diferente que se puede conectar al cliente original con el fin de ampliar sus funciones o para poder hacer que sea más fácil de usar.

También hay otras expansiones que han sido diseñadas para ser utilizadas en varios dispositivos y canales ya que el sistema original no se puede utilizar en ellos debido, por ejemplo, a la falta de las tecnologías necesarias o la falta de compatibilidad entre el dispositivo y el software en cuestión. A este respecto, parece útil dar algunos ejemplos. A continuación, de hecho, se elaborará una breve lista de todos aquellos programas cuyo objetivo principal, la razón por la que fueron creados, es implementar de diferentes maneras y de acuerdo con diferentes formas y metodologías, y tecnologías, el protocolo del sistema Bitcoin.

- *Armory*: Este es un programa que está conectado al sistema original. Tiene la tarea de aumentar las posibles funciones del cliente original, al tiempo que se logra garantizar un mayor umbral de control y supervisión de los pagos y todas las demás transacciones que se realizan en el sistema.

- *MultiBit:* esta es una expansión que se encarga de hacer que los usuarios descarguen una versión más pequeña de toda la cadena de bloques blockchain en su conjunto. Reduce significativamente el tiempo necesario para la sincronización de datos. Además, esta ampliación consigue reducir el espacio necesario para el almacenamiento del servidor original, con un umbral mínimo comprometido en cuanto al nivel de seguridad del sistema de datos.
- *Bitcoin Wallet*: es una expansión que es similar, come principio y modo de funcionamiento, al recién visto MultiBit, pero que ha sido escrito y desarrollado específicamente para teléfonos inteligentes que funcionan gracias al uso del sistema operativo de Android o BlackBerry.

- *Electrum*: electrum no consiste en un solo software, ya que es un par de expansiones que se basa en un tipo de enfoque client /server. Los individuos suelen utilizar un programa tipo cliente que, gracias a la capacidad desconectarse a un servidor que ya se está ejecutando en una máquina diferente para simplificar el trabajo, les permite ver todos sus pagos que se han realizado, y todas sus transacciones, y siempre ser capaces de crear otros nuevos. A diferencia de los otros sistemas que se acaban de ver anteriormente, este software proporciona que todos aquellos que ejecutan el sistema cliente deben poner un cierto nivel de confianza en las capacidades del servidor al que deben conectarse si quieren utilizar esta expansión.

- *BitCoinJ*: esta es una expansión que de su creador y desarrollador fue escrito en código, más precisamente en el lenguaje Java Script, que fue concebido y desarrollado por el erudito Mike Hearn, un ingeniero que trabajó muchos años para el servidor de Google. Este lenguaje se utiliza para crear diferentes tipos de aplicaciones y, en general, contenido creativo e interactivo.
- *Bitcoin-js-remote*: es una interfaz de usuario que funciona principalmente en el mundo telemático, virtual, digital, y en esencia de la web, que también fue concebida producida y desarrollada en lenguaje JavaScript para la versión demo del sistema bitcoin original y oficial.
- *Libbitcoin*: Libbitcoin es una expansión. Sin embargo, es particular en comparación con los vistos hasta ahora: es a la vez una comunidad, pero también una biblioteca y un proveedor de

herramientas de código abierto (acceso libre) que ha sido concebido como una expansión dedicada a garantizar el desarrollo y el libre acceso al sistema oficial bitcoin.

- *Btcd*: también es una expansión del sistema bitcoin como los otros que hemos visto hasta ahora, pero también escrito en un código, aunque aún más particular que java Script. Btcd es, más detalladamente, una llamada expansión completa del nodo, que fue escrita en el lenguaje de la computadora Go. Go es un lenguaje informático de programación de libre acceso que fue concebido y desarrollado por Google (de ahí el nombre). El estudio y el trabajo sobre el idioma Go comenzaron en 2007. Los principales desarrolladores de este lenguaje han sido expertos del calibre de R. Griesemer, R. Pike y K. Señor Thompson. Sin embargo, se basaron en trabajos previos que se habían hecho en lo que entonces era el sistema operativo Inferno. En opinión de los desarrolladores, surge la necesidad de idear un lenguaje informático innovador porque todavía no existe, en su momento, un lenguaje oficial capaz de satisfacer las necesidades de una forma efectiva de compilación, de una ejecución lo más rápida posible, y de una simplicidad en la programación. Este lenguaje fue anunciado públicamente en 2009.

- *Coinpunk*: es una cartera digital que se basa en una interfaz telemática que se puede instalar en un servidor dedicado (pero por desarrolladores experimentados y usuarios experimentados, ya que no es un sistema al alcance de todos).

- *Zeronet*: expansión que utiliza un protocolo que funciona de una manera similar a la de las carteras digitales del sistema bitcoin. Esta expansión se refiere a la identificación y autenticación de usuarios dentro de su red sin servidor. Esta red se ha dedicado a los servicios de alojamiento web.

¿Qué puntos de venta aceptan el sistema de pago en Bitcoin?

Hay más de 14.000 empresas en el mundo (outlets, expertos y académicos, y empresas de diferentes tipos) que han decidido aceptar pagos a través de bitcoin.

En nuestro país, las tiendas seguras están por encima del umbral de 700. Se encuentran en todo el país, de norte a sur, aunque prevalecen los puntos de venta en el norte de Italia. No hay discriminación sobre la base de lo que se vende: estos puntos de venta se dedican de hecho a todo tipo de bienes.

Las categorías en las que prevalece el uso del bitcoin para la compra en las tiendas son principalmente las dedicadas a las tecnologías de la información, el turismo y la restauración.

Las ciudades que contienen más puntos de venta que admiten a bitcoin son Milán, Roma y Trento. Pero incluso en el Véneto hay muchas actividades que han optado por actuar de esta manera.

ATM Bitcoin

En Italia, se han activado algunos puntos denominados **Automated Teller Machine (ATM)**, muy extendido en América, en los que los usuarios tienen la oportunidad tanto de retirar como de pagar efectivo en su cuenta en la red bitcoin; luego se convertirán inmediatamente en función del tipo de cambio que esté en curso en ese momento preciso. Sin embargo, antes de poder acceder al uso de un cajero automático de bitcoin, debe haber instalado su billetera digital dentro de su teléfono inteligente para luego poder acceder a su dirección de Bitcoin (o, como se mencionó hasta ahora, el código correspondiente a su propia cuenta corriente electrónica, similar a un código IBAN muy normal). Luego se debe ingresar y el respectivo Código QR que la máquina debe reconocer para luego permitir al usuario realizar su propio pago o retiro. El primer cajero automático bitcoin del mundo se puso en marcha en Vancouver e inició su actividad en noviembre de 2013. El primero en Italia (que también fue el tercer cajero automático de Europa) llegó al año siguiente, en 2014 Estas máquinas pertenecientes al circuito Bitcoin son una cosa por derecho propio ya que nunca se han integrado con circuitos oficiales como los de Visa o Mastercard.

Símbolo

Bitcoin se caracteriza por el símbolo de la moneda ₿. La propuesta de introducir el personaje en la codificación oficial Unicode fue aceptada en 2015, por lo que el personaje(**U+20BF**) se convirtió oficialmente en parte de la versión 10.0 del sistema Unicode. En los años anteriores, hasta que se estableció el símbolo oficial, se utilizaron varios métodos para representar bitcoin, como el uso de fuentes particulares, o el uso de caracteres con gráficos similares a los de bitcoin, como el símbolo de baht tailandés (฿).

Printed in Great Britain
by Amazon